DISCOURS

PRONONCÉ

PAR MONSIEUR

DE BOUCHEPORN

INTENDANT DE CORSE,

NOMMÉ A L'INTENDANCE DE PAU & BAYONNE,

A L'OUVERTURE

DES ÉTATS DE L'ISLE

A BASTIA LE 26. MAI 1785.

A BASTIA. De l'Imprimerie de la VEUVE BATINI,
Imprimeur du Roi &c.

DISCOURS

PRONONCÉ

PAR MONSIEUR

DE BOUCHEPORN

INTENDANT DE CORSE,

NOMMÉ A L'INTENDANCE DE PAU & BAYONNE

*A l'ouverture des États de l'Isle,
à Baſtia le 26. Mai 1785.*

MESSIEURS

J'Ai toujours regardé comme un des plus grands avantages de la conſtitution politique de cette Isle, le ſage réglement qui, en preſcrivant par proviſion l'ordre graduel de vos Aſſemblées, procure à tout individu la facilité & la ſatisfaction bien précieuſes, de préſenter & dévelop-

DISCORSO

PRONUNCIATO

DAL SIGNOR

DE BOUCHEPORN

INTENDENTE DI CORSICA,

NOMINATO INTENDENTE DI PAU E BAYONNE,

All' apertura degli Stati dell' Isola,
in Bastia li 26. Maggio 1785.

SIGNORI

Considerato ho mai sempre come uno dei maggiori vantaggi della costituzione politica di questa Isola, il saggio regolamento, il quale prescrivendo provigionalmente l'ordine graduale delle vostre assemblee, procura a ciascun individuo la facilità e la soddisfazione molto preziose, di presen-

4

per lui-même les vues qu'il peut avoir ſur la manière de l'adminiſtrer : peut-être pour le rendre plus parfait encore , faudrait-il faire précéder le réſultat du travail des Pièves, par une délibération motivée de chaque Communauté. Mon intention était de mettre cette méthode en uſage ; je ne me flattais pas qu'un premier eſſai aurait eu un ſuccès complet, mais je ſuis bien aſſuré qu'il n'eut point été infructueux : une première préparation des demandes que les Pièves auraient à former, ne contribuerait pas peu à les éclaircir, & ſervirait infiniment à diriger celles-ci dans l'examen qu'elles auraient à en faire.

C'eſt par le ſoin que nous avons conſtamment apporté à la rédaction des lettres inſtructives (1) qui ont ſervi de

____

(1) Lettres circulaires des 31. Août & 6. Septembre 1782. aux Podeſtats-Majors des Pièves, & la lettre adreſſée aux Subdélégués de la Province de Baſtia le 1.er Décembre 1782. qui contient les inſtructions qui ont été données ſur les principaux objets, que les Aſſemblées Provinciales avoient à traiter.

tare, e sviluppare egli medesimo le mire che può avere sul modo di amministrarlo; per renderlo più perfetto ancora, bisognerebbe forse far precedere il resultato del travaglio delle Pievi, per mezzo di una deliberazione di ciascuna Comunità, in cui si allegassero i motivi della medesima. Era mia intenzione di porre in uso questo metodo; non mi lusingavo che per la prima volta ottenuto si fosse un successo completo, ma sono ben certo che non sarebbe stato infruttuoso: una prima preparazione delle domande che le Pievi avrebbero da fare, contribuirebbe non poco a spargervi della luce, e servirebbe molto a diriger queste nell' esame che dovrebbero farne.

Mediante la cura che costantemente avuta abbiamo nella composizione delle lettere instruttive (1) che hanno servito di base alle

---

(1) Lettere circolari dei 31. Agosto, e 6. Settembre 1782. ai Podestà Maggiori delle Pievi, e la lettera indirizzata ai Suddelegati della Provincia di Bastia il 1.° Dicembre 1782. che contiene le istruzioni date su i principali oggetti che le Assemblee Provinciali avevano da trattare.

bafe à leurs demandes , que nous fommes parvenus à tirer le plus grand parti des heureufes difpofitions que l'on a montrées à faifir les matières dont il nous paraiffait intéreffant que les États s'occupaffent , & nous ne pouvons que nous applaudir d'avoir fuivi une marche à laquelle nous fommes redevables du travail approfondi que nous offrent les procès-verbaux de la plus grande partie des Provinces & qui a mérité l'approbation de Sa Majefté.

Elles fe font toutes réunies à regarder la fubvention en nature comme une faveur du Gouvernement, elles ont reconnu fon attention à écarter l'arbitraire de la contribution aux charges publiques; celà feul fuffirait pour démontrer la fupériorité que cette nouvelle forme de l'impôt a fur la perception des deux vingtièmes en argent, qui fe levaient à l'époque de mon arrivée dans cette Isle. Vous retracerai-je ici, Meffieurs, les embarras inféparables

loro dimande, pervenuti fiamo a mettere al maggior profitto poffibile le felici difpofizioni che dimoftrate fi fono nell' intendere le materie delle quali ci fembrava intereffante che gli Stati fi occupaffero, e non poffiamo a meno di non applaudirci di aver feguito un metodo, a cui debitori fiamo del travaglio efaminato a fondo, che i proceffi verbali della maggior parte delle Provincie ci offrono, e che ha meritato l'approvazione di Sua Maeftà.

Elleno riunite tutte fi fono a confiderare la fovvenzione in natura come un favore del Governo; hanno riconofciuto la fua attenzione nel toglier di mezzo l'abufo di rendere arbitraria la contribuzione ai pefi pubblici: quefto folo bafterebbe per dimoftrare la fuperiorità che quefta nuova forma dell' impofizione ha fopra la percezione dei due ventefimi in danaro, che fi pagavano quando fono arrivato in queft' Ifola. Vi rammemorerò io qui, Signori,

de cette perception , la lenteur des opérations qu'elle éxigeait , leur infuffifance
pour apprécier avec juftefle les facultés
des contribuables ? vous rappellerai - je
l'inéxactitude des déclarations qu'on les
obligeait de faire ; la multitude des demandes en modération , auxquelles elle
donnait lieu , les infidélités dans le recouvrement , & enfin l'impoffibilité où le
Pays fe trouvait, non feulement de s'aquit-
ter envers le Roi de la foible fomme à
laquelle Sa Majefté avait confenti de
l'abonner , mais encore de fubvenir à fes
dépenfes les plus indifpenfables ? Tous ces
obftacles font levés aujourd'hui ; le pauvre
n'eft impofé qu'en proportion du peu
qu'il recueille , le riche ne peut plus fe
fouftraire à la contribution qu'il doit
fupporter ; on n'eft plus forcé , pour fe
procurer le montant des rôles , de recourir
à ces voies de contrainte, toujours rigou-
reufes par elles mêmes , & plus infuppor-
tables encore par les vexations fans nombre

gl' imbarazzi inseparabili da questa percezione ; la lentezza delle operazioni che esi-
geva ; la loro insufficienza per valutare al
giusto le facoltà dei contribuibili ? ridirovvi
l' inesattezza delle dichiarazioni che erano
obbligati di fare ; la moltiplicità delle domande per ottenere qualche moderazione,
alle quali dava luogo ; le infedeltà nella
riscossione, e finalmente l' impossibilità in
cui era il Paese, non solamente di pagare
al Re la tenue somma a cui Sua Maestà
acconsentito avea di abbonarlo, ma ancora
di sovvenire alle sue spese le più indispensabili? Tutti questi ostacoli sono tolti in
oggi ; il povero non è imposto se non se
a proporzione del poco che raccoglie ; il
ricco non può più sottrarsi dalla contribuzione che deve pagare ; non è più d' uopo,
per procurarsi il montante dei ruoli, d'impiegare le vie di forza, sempre rigorose per
esse stesse, e più insopportabili ancora per
le vessazioni senza numero, che le doglianze

que les réclamations des opprimés m'ont fait connaître, & dont je me suis empreſſé d'arrêter le cours . (2)

Si la ſubvention en nature apporte un ſoulagement réel aux propriétaires qui la payent, elle donne auſſi aux États plus de moyens de faire des établiſſements utiles à la régénération de cette Isle : ils trouvent, dans le bénéfice de ſon produit, la faculté d'accorder des encouragements propres à accélérer les progrès de l'agriculture & du commerce, & à faire proſcrire les méthodes vicieuſes de la culture auxquelles, n'en doutons pas, on doit attribuer en grande partie les diſettes fréquentes qu'éprouve la Corſe. Trois adjudications ſucceſſives de la ſubvention ont procuré chaque fois une augmentation

____

(2) Ordonnance de M. l'Intendant, du 1.er Septembre 1783, dans laquelle ſont raſſemblées toutes les diſpoſitions qu'il avoit preſcrites, pendant le cours de ſon adminiſtration, ſur le recouvrement des impôts.

degli oppreſſi mi hanno fatto conoſcere, e di cui mi ſon data tutta la premura di arreſtare il corſo (2).

Se la ſovvenzione in natura procaccia un ſollievo reale ai proprietarj che la pagano, eſſa dà parimenti agli Stati maggiori mezzi per fare degli ſtabilimenti utili al rifiorimento di queſt' Iſola. Eſſi trovano nel beneficio del ſuo prodotto la facoltà di accordare degl' incoraggimenti atti ad accelerare i progreſſi dell' agricoltura e del commercio, ed a far abbandonare i metodi vizioſi della coltivazione, alli quali ſenza dubbio attribuir ſi devono in gran parte le careſtie frequenti a cui ſoggiace la Corſica. Tre aggiudicazioni ſucceſſive della ſovvenzione hanno procurato ogni volta un aumento di

---

(2) *Ordinanza del Signor Intendente, del 1.º Settembre 1783. nella quale ſono riunite tutte le diſpoſizioni ch' egli avea preſcritte nel corſo di ſua amminiſtrazione, ſulla riſcoſſione delle impoſizioni.*

de produit (3), & telle eſt l'heureuſe per-
ſpective de l'accroiſſement de l'impôt,
qui n'excèdera jamais le vingtième des
productions, que plus les défrichements
& les plantations ajouteront à une culture mieux entendue; plus le Pays trou-
vera dans ſon produit des reſſources pour
ſortir de l'état de miſère dans lequel les
troubles paſſés l'avaient réduit.

Pénétrée de cette vérité, l'Aſſemblée de
1781. avait formé pluſieurs demandes,
dont l'objet tendait à favoriſer l'agriculture & le commerce. Vous êtes déjà in-

---

(3) La derniere année de la Subvention en deniers, le montant
des rôles a été de 188486. livres & 12. ſols, celui des
premières adjudications de la Subvention en nature de fruits
paſſées en 1779, a été de 212546. livres, 18. ſols &
9. deniers, les ſecondes adjudications en 1782. ont monté
à 230986. livres, 17. ſols & 8. deniers, & celles qui
viennent d'être paſſées, donnent un total de 256262. livres, 12. ſols & 8. deniers, en ſorte qu'en comparant le
montant de la dernière année de la Subvention en deniers
avec celui des dernières Adjudications, il en réſulte une
différence en augmentation de produit, de 67776. livres
& 8. deniers.

prodotto (3) , e tale è la prospettiva dell' accrescimento dell' imposizione , che non eccederà giammai il ventesimo delle produzioni , che quanto più la coltivazione dei terreni incolti e le piantagioni saranno meglio fatte , tanto più il Paese troverà nel suo prodotto delle risorse per uscire dallo stato di miseria in cui i passati torbidi l' avean ridotto .

Penetrata da questa verità, l' Assemblea del 1781. formate avea molte domande ; il di cui oggetto tendea a favorire l' agricoltura ed il commercio . Siete di già in-

---

(3) Il montante dei ruoli dell' ultima annata della Sovvenzione in danari, è stato di lire 188486. e soldi 12 , quello delle prime aggiudicazioni della Sovvenzione in natura di frutti , passate nel 1779. è stato di lire 212546. soldi 18. e den. 9. le seconde aggiudicazioni nel 1782. sono ascese a lire 230986. soldi 17. e den. 8. e quelle passate ultimamente , danno un totale di lire 256262. soldi 12. e den. 8 ; di manierache , facendo la comparazione del montante dell' ultima annata della Sovvenzione in danari , con quello delle ultime aggiudicazioni , ne risulta una differenza in aumentazione di prodotto, di lire 67776. e denari 8.

ſtruits, Meſſieurs, qu'elles ont toutes été accueillies ; Sa Majeſté, convaincue de leur utilité, a conſenti de contribuer, avec le Pays, aux dépenſes auxquelles elles peuvent donner lieu. Quelque attentive qu'elle ſoit à ne point laiſſer altérer l'uniformité & la ſimplicité de l'impoſition en nature, elle a cependant accordé des exemptions en faveur des terres qui ſeraient déſſéchées & défrichées, & des denrées les plus analogues au ſol de l'Isle, ou les plus néceſſaires aux beſoins de ſes habitants. (4)

---

(4) Arrêt du Conſeil d'État du Roi, du 28. Mars 1784, qui proroge pour cinq ans l'exemption des maiſons conſtruites de fond en comble, & des matériaux ſervant à leur conſtruction.

Autre du 13. Mai 1784, qui exempte la cire des droits de ſortie, & les ruches d'abeilles, de la Subvention.

Autre du 26. Juillet 1784, qui exempte de la Subvention, pendant vingt ans, les terres cultivées en chenevières & en linières, de droits de ſortie les chanvres, lins & toiles fabriquées en Corſe, & accorde différens encouragemens pour la fabrique des toiles.

Autre du même jour, portant différens encouragemens

ſtruiti, o Signori, che ſono ſtate tutte ac-
colte favorevolmente ; Sua Maeſtà convinta
dell' utilità loro, ha acconſentito di contri-
buire con il Paeſe, alle ſpeſe a cui poſſono
dar luogo. Per attenta che ſia a non la-
ſciar alterare l' uniformità e la ſemplicità
dell' impoſizione in natura, ha però ac-
cordato delle eſenzioni in favore delle terre
che ſarebbero diſſeccate e poſte in coltivazione, non meno che in favore delle der-
rate le più analoghe al terreno dell' Iſola,
o le più neceſſarie ai biſogni de' ſuoi
abitanti (4).

---

(4) *Arreſto del Conſiglio di Stato del Re, dei 28. Marzo 1784,
il quale proroga per cinque anni l' eſenzione delle caſe
coſtrutte da cima a fondo, e dei materiali che ſervono
alla loro coſtruzione.*

*Altro dei 13 Maggio 1784, che eſenta la cera dai
diritti di ſortita, e gli alveari delle api dalla Sovvenzione.*

*Altro dei 26. Luglio 1784. che eſenta dalla Sov-
venzione, per venti anni, le terre coltivate per ſeminarvi
della canapa o del lino, dai diritti di ſortita le canape,
lini e tele fabbricate in Corſica, ed accorda diverſi incoraggimenti per la fabbricazione delle tele.*

Altro dello ſteſſo giorno, portante diverſi incoraggimenti

16

Parmi les productions de cette espèce, j'ai distingué, dès la première année de mon administration, celle du mûrier , & j'ai donné des soins particuliers à cette branche d'agriculture que j'ai regardée comme une des plus propres à répandre promptement quelqu'aisance dans le Pays; les premiers essais dans ce genre ont été heureux ; vous savez que les soyes de Corse, soumises à l'examen des fabriquants les plus expérimentés, ont été trouvées d'une qualité supérieure à celles de France (5) : c'est leur rapport qui vous

pour la fabrication de la fayance & de la poterie, & exempte de droits de sortie les ouvrages de terre cuite.

Autre du 18. Décembre 1784, qui accorde diverses exemptions en faveur des terreins défrichés, défléchés ou convertis en prairies naturelles.

(5) Les principaux fabriquants d'Aix, Nismes, Lyon & Paris, par leurs procès-verbaux des 15. Août, 3. & 12. Septembre, 14. & 15. Novembre 1778, sur l'examen des soyes filées en Corse & dont les échantillons avoient été constatés par le procès-verbal du Subdélégué de Bastia du 17. Juillet précédent, ont tous déclaré que les soyes de Corse étoient d'une qualité supérieure. M. de Flesselles, Inten-

Fra le produzioni di questa specie, ho distinto fino dal prim' anno della mia amministrazione, quella del gelso, e ho dato delle cure particolari a questo ramo di agricoltura che ho riguardato come uno de' più proprj a spargere prontamente qualche comodo nel Paese; le prime esperienze in questo genere sono state felici; voi sapete che le sete di Corsica, sottoposte all' esame dei più sperimentati fabbricanti, sono state trovate di una qualità superiore a quelle di Francia (5). Egli è il loro rapporto

---

per la fabbricazione della majolica, e delle stoviglie, ed esenta dai diritti di sortita i lavori di terra cotta.

Altro dei 18. Dicembre 1784. che accorda diverse esenzioni in favore dei terreni dissodati, disseccati, o convertiti in praterie naturali.

(5) I principali fabbricanti d'Aix, Nimes, Lione e Parigi, coi loro processi verbali dei 15. Agosto, 3 e 12. Settembre, 14. e 15. Novembre 1778, sull' esame delle sete filate in Corsica e le di cui mostre erano state constatate con processo verbale del Suddelegato di Bastia, del 17. Luglio precedente, hanno tutti dichiarato che le sete di Corsica erano d' una qualità superiore. Il Signor de

a déterminés, Meffieurs, à confacrer une partie du bénéfice de la fubvention à l'établiffement de plufieurs pépinières de mûriers que vous touchez au moment de voir diftribuer dans l'Isle ; le Roi a auffi approuvé qu'il fût accordé des primes à ceux qui feraient planter dès à-préfent une certaine quantité de ces arbres précieux pour la Corfe (6), & il a bien voulu avoir égard à la demande que j'ai faite d'exempter de la fubvention, au moins pour un temps, les cocons de vers à foye (7).

---

dant de Lyon, a marqué le 8. Novembre de la même année à M. de Boucheporn, que d'après le témoignage des négocians qu'il avoit confultés, les foyes de Corfe feraient des étoffes auffi bonnes que les premières foyes du Piémont, & que cette production devenoit très-intéreffante pour la Corfe & très-avantageufe pour les fabriques du Royaume.

(6) Arrêt du Confeil d'État du Roi, du 23. Mars 1785, qui accorde des primes fur l'importation des mûriers, citroniers, oliviers greffés, & la plantation des châtaigniers.

(7) Arrêt du Confeil d'État du Roi, du 16. Février 1785. rendu fur l'avis de M. de Boucheporn.

che vi ha determinato, Signori, a confa-
crare una parte del beneficio della fovvenzione allo ftabilimento di parecchi vivaj di
gelfi, che quanto prima vedrete diftribuire
nell' Ifola ; il Re ha parimente approvato
che accordate foffero delle prime a coloro
che farebbero piantare fin d' ora una certa
quantità di quefti alberi preziofi per la
Corfica, (6) e fi è degnato di aver riguardo
alla domanda che ho fatta di efentare dalla
fovvenzione, almeno per un certo tempo,
i bozzoli dei bachi da feta (7). Effa era di

Flefelles, Intendente di Lione, ha notato, li 8. Novembre dell' anno ifteffo, al Signor de Boucheporn, che
fulla teftimonianza dei Negozianti ch' egli avea confult-
tato, le fete di Corfica farebbero dei drappi tanto buo-
ni, quanto le prime fete del Piemonte, e che quefta
produzione diveniva affai intereffante per la Corfica, e
e molto vantaggiofa per le fabbriche del Regno.

(6) Arrefto del Configlio di Stato del Re dei 23. Marzo 1785.
che accorda delle gratificazioni full' introduzione dei gelfi,
cedri, olivi inneftati, e fulla piantagione dei caftagni.

(7) Arrefto del Configlio di Stato del Re, dei 16. Feb-
brajo 1785. refo full' avvifo del Signor de Boucheporn.

Elle avait été formée précédemment par les États ; la confidération des avantages accordés au cultivateur du mûrier, l'avait fait rejetter ; je n'ai pas héfité néanmoins de la remettre de nouveau fous les yeux du Gouvernement, & il a été touché des motifs fur lefquels je l'ai appuyée.

Le mûrier n'a pas paru le feul arbre dont la culture dût être favorifée ; on a fenti qu'en général, plus on s'adonnerait aux plantations, plus on multiplierait les produits utiles, & plutôt la Corfe cefferait d'être tributaire de l'Étranger, auquel les habitants font fans ceffe obligés d'avoir recours à grands frais pour fe procurer les chofes les plus indifpenfables à la vie.

C'eft dans la vue de la fouftraire à cette dépendance ruineufe que vous devez difcuter les propofitions que contiennent les procès-verbaux des Provinces ; c'eft dans le même efprit que vous devez vous livrer à l'examen de plufieurs projets qui

già stata fatta dagli Stati; ma la considerazione degli altri vantaggi accordati al coltivatore del gelso è stato il motivo per cui non era stata accordata; non ho però esitato di porla di bel nuovo sotto gli occhi del Governo, ed è stato mosso dai motivi su de' quali l'avevo fondata.

Il gelso non è sembrato il solo albero, la di cui coltivazione dovesse essere favorita; si è sentito generalmente che quanto più si attenderebbe alle piantagioni, tanto più si moltiplicherebbero i prodotti utili, e più presto cesserebbe la Corsica di esser tributaria dei Paesi stranieri, a cui i suoi abitanti sono continuamente obbligati di ricorrere a grande spesa per procacciarsi le cose le più indispensabili alla vita.

Egli è nella mira di sottraerla da questa dipendenza ruinosa, che discuter dovete le proposizioni che contengono i processi verbali delle Provincie; egli è nello stesso spirito, che esaminar dovete molti progetti

vous feront mis fous les yeux dans le cours de cette Affemblée.

Il en eft un dans le nombre, dont l'utilité & la fimplicité m'ont frappé (8) : il tend à multiplier dans peu d'années en Corfe les profeffions méchaniques dont elle manque, & à la faire jouir du bénéfice de la main d'œuvre qu'elle porte en pure perte chez nos voifins. Vous devez regarder comme un nouveau bienfait de Sa Majefté, la réfolution qu'elle a prife de fe charger feule de la dépenfe de fon exécution.

Nous ne pouvons trop vous inviter,

---

(8) Propofition faite par M. de Roffi Meftre de Camp, Lieutenant en 2.ᵉ du Régiment Royal Corfe, de faire former des artifans dans ce Régiment, agréée par le Roi qui veut bien affecter 3000. livres par an, pour fon exécution, & annoncée par les Commiffaires de Sa Majefté aux États de Corfe de 1785, comme une grâce particulière dont elle étoit redevable au zèle patriotique de M. de Roffi.

M. de Roffi a également préfenté un projet auffi fimple qu'avantageux, de régénérer en Corfe l'efpèce des bêtes à laine, projet fur lequel les États actuels ont à délibérer.

che vi faranno meffi fotto gli occhi nel decorfo di queft' Affemblea.

Ve n'è uno fra il numero, la di cui utilità e femplicità mi hanno colpito (8); egli tende a moltiplicare in pochi anni in Corfica le profeffioni meccaniche delle quali è mancante, ed a farla godere del benefici o delle manifatture che fi porta in pura perdita dai noftri vicini. Dovete riguardare come una nuova beneficenza di Sua Maeftà, la rifoluzione che ha prefa d'incaricarfi fola della fpefa della fua efecuzione.

Non poffiamo troppo invitarvi, Signori,

---

(8) Propofizione fatta dal Sig. de Roffi Maftro di Campo, Luogotenente del Reggimento Real Corfo, di far formare degli Artigiani in quefto Reggimento, gradita dal Re, il quale fi degna accordare 3000. lire all'anno, per la fua efecuzione; ed annunciata dai Commiffarj di Sua Maeftà agli Stati di Corfica del 1785, come una grazia particolare, di cui era effa debitrice al patriottico zelo del Sig. de Roffi.

Il Sig. de Roffi ha egualmente prefentato un progetto, tanto femplice, quanto vantaggiofo, di regenerare in Corfica la fpecie delle beftie da lana, progetto fu cui gli Stati attuali devon deliberare.

Messieurs, de profiter des heureuses di-
spositions dans lesquelles elle est de seconder les efforts que vous ferez pour
vivifier ce Pays, & il vous sera d'autant plus aisé de vous en occuper, que
vos Séances ne seront plus consommées,
comme elles l'ont été jusqu'ici, par tous
les détails qui avaient rapport au recouvrement des deux vingtièmes.

Un objet également digne de vos soins
sera celui du païement des logements
militaires. Qu'il me soit permis de vous
représenter, Messieurs, combien la posi-
tion des propriétaires des maisons, desti-
nées à ce service, est affligeante ; c'est
pour eux une charge d'autant plus oné-
reuse qu'elle n'est point également répar-
tie. Tous les propriétaires des maisons
louées y contribuent, à la vérité, des deux
vingtiemes ; mais on éprouve, pour les
recouvrer, les mêmes inconvénients que
l'on a fait cesser, en proscrivant la perception de l'ancienne imposition sur les

di profittare delle felici difposizioni in cui ella è di fecondare gli sforzi che farete per vivificare quefto Paefe ; e vi farà tanto più facile di occuparvene , in quanto che le voftre feffioni non faranno più confumate , come lo fono ftate fin al prefente , per tutti i dettagli che avean rapporto alla rifcoffione dei due ventefimi .

Un oggetto non meno degno delle voftre cure farà quello del pagamento degli alloggiamenti militari. Che permeffo mi fia di rapprefentarvi, Signori, quanto fia dolorofa la fituazione dei proprietarj delle cafe deftinate a quefto fervizio : egli è un pefo per effi tanto più onerofo , quanto che non è egualmente ripartito ; tutti i proprietarj delle cafe appigionate , a dir il vero , vi contribuifcono con i due ventefimi , ma fi provano per rifcuoterli, i medefimi inconvenienti, che fi fono fatti ceffare nel profcrivere la percezione dell' antica impofizione fopra i pro

produits des terres; les infidélités des déclarations, les délais qu'entraînent les vérifications qui en font faites, & dont le retard dans la confection des rôles eft la fuite; voilà les obftacles que vous devez d'autant plus vous attacher à lever, que l'inaction fur un objet, auffi inftant, peut entraîner la ruine de plufieurs familles. Vous feriez frappés, Meffieurs, de la multitude & de la juftice des repréfentations qu'ils occafionnent, fi elles vous étoient connues; vous gémiriez comme moi, de l'infuffifance des moyens qu'on a été réduit à employer jufqu'ici, pour les faire ceffer: il en eft un qui me paraît bien fimple, fi ce n'eft pas pour acquitter fur le champ la totalité d'une dette auffi privilégiée, au moins pour la diminuer; c'eft d'affecter, fur le produit de la fubvention, une fomme plus forte que celle que vous avez réglée pour fupplément aux vingtiemes des maifons; elle ne peut l'être affez pour éteindre la

dotti delle terre ; le infedeltà delle dichiarazioni , le dilazioni che cagionano le verificazioni che ne fono fatte , e il di cui ritardo nella formazione dei ruoli ne è la confeguenza ; ecco gli oftacoli che dovete tanto più applicarvi a toglier di mezzo , che l' inazione fopra un oggetto così premurofo può cagionare la ruina di molte famiglie . Sarefte colpiti , Signori , dalla moltiplicità e giuftizia delle rapprefentanze che fanno fare , fe vi foffero note ; gemerefte come me , dell' infufficienza dei mezzi che fi fono dovuti impiegare infino ad ora , per farle ceffare : ve n' è uno che mi fembra molto femplice , fe non è per pagar fubito la totalità di un debito così privilegiato , almeno per diminuirlo ; egli è di deftinare , ful prodotto della fovvenzione , una fomma maggiore di quella che fiffata avete per fupplemento ai ventefimi delle cafe ; effa non può efferlo abbaftanza per pagare

masse des arrèrages dont le tableau sera mis sous vos yeux, mais ce sera toujours procurer un soulagement sensible aux propriétaires qui souffrent du retard inévitable du recouvrement. Vous devez, sans doute, employer le bénéfice de la subvention à des objets utiles, mais peut-il en être un plus intéressant que celui d'assurer à des pères de famille la seule ressource qui reste à la plupart d'entre eux pour se soutenir? Je suis persuadé, Messieurs, qu'il suffit de vous faire connaître les fâcheuses extrêmités auxquelles les exposeraient de plus longs délais, pour vous porter à venir à leur secours. L'idée que je vous suggère pour y parvenir, me paraît d'autant plus simple, & plus facile à adopter, qu'elle ne constituerait pas la caisse des États dans une nouvelle dépense ; ce ne serait qu'une simple avance qu'elle ferait à celle des maisons.

Mais pour déterminer l'époque & la quotité de ces versements, il est néces-

la totalità degli arretrati , il di cui quadro farà meſſo ſotto i voſtri occhi , ma egli ſarà ſempre procurare un ſollievo ſenſibile ai proprietarj che ſoffrono per il ritardo inevitabile della riſcoſſione . Dovete ſenza dubbio impiegare il beneficio della ſovvenzione ad oggetti utili , ma ve ne può egli eſſere uno più intereſſante di quello , di aſſicurare a dei padri di famiglia la ſola riſorſa che rimane alla maggior parte di eſſi per mantenerſi ? Sono perſuaſo , Signori, che baſta farvi conoſcere le doloroſe eſtremità alle quali gli eſporrebbero dilazioni più lunghe , per determinarvi a venire in loro ſoccorſo . L' idea che vi ſuggeriſco , affine di pervenirvi, mi ſembra tanto più ſemplice , e facile ad adottarſi , che non cagionerebbe alla caſſa degli Stati una nuova ſpeſa ; non ſarebbe che una ſemplice anticipazione , che farebbe a quella delle caſe.

Ma per determinar l'epoca e la quota di queſti pagamenti , egli è neceſſario che

faire que vous vous procuriez une parfaite connaiſſance de votre ſituation actuelle; ce ne ſera qu'après l'avoir acquiſe, ce ne ſera qu'après avoir apprécié vos charges & les dépenſes imprévues, que vous pourrez aſſigner des fonds pour chaque objet.

D'un côté le montant des adjudications de trois années eſt déterminé, de l'autre vous verrez, par le réſultat des comptes rendus depuis la dernière Aſſemblée, quels ſont les recouvrements & les païements qui vous reſtent à faire : c'eſt de ces baſes que vous aurez à partir pour arrêter un état de votre caiſſe qui, lorſque Sa Majeſté l'aura approuvé, deviendra la règle de votre Tréſorier, contribuera beaucoup à mettre l'ordre & la ſimplicité dans ſa comptabilité & ſera du plus grand ſecours à MM. les Députés des Douze pour ſuivre avec ſuccès, dans l'intervalle d'une Aſſemblée à une autre, l'exécution de tout ce que vous aurez délibéré; je ne crois pas me tromper, Meſſieurs, en penſant que

vi procuriate una perfetta conoscenza della vostra situazione attuale; non sarà se non se dopo averla acquistata, e dopo aver apprezzati i vostri pesi e le spese impreviste, che potrete assegnare dei fondi per ciaschedun oggetto.

Da una parte il montante delle aggiudicazioni di tre annate è determinato, dall' altra vedrete, dal risultato dei conti resi dopo l'ultima Assemblea, quali sono le esazioni ed i pagamenti che vi rimangono da fare: Egli è da queste basi che dovrete partire per arrestare uno stato della vostra cassa, che quando Sua Maestà l'avrà approvato, diverrà la regola del vostro Tesoriere; contribuirà di molto a metter l'ordine, e la semplicità nella sua contabilità, e sarà del maggior soccorso possibile ai Signori Deputati dei Dodici per seguire con successo, nell' intervallo di un' Assemblea all' altra, l'esecuzione di tutto quello che avrete deliberato. Non credo ingannarmi, Signori, che questa regola è in-

cette règle est indispensable pour vous diriger dans l'emploi & la répartition que vous avez à faire de vos fonds ; ils ne font pas auffi confidérables qu'il ferait à défirer qu'ils le fuffent, pour pourvoir à tout : loin que ce foit un motif de ne pas adopter l'ordre que je vous propofe de fuivre à l'avenir, il me paraît, au contraire, que c'eft le moyen le plus fûr de ne pas vous engager dans des dépenfes qui excèdent vos revenus, ou au moins d'établir dans leur répartition, une proportion relative à vos facultés & au degré d'utilité des objets auxquels vous les deftinerez.

J'aurais eu bien du plaifir à être le témoin des avantages qui ne pourront manquer d'en réfulter ; mais vous êtes inftruits que Sa Majefté m'a nommé à un autre département : quelque fenfible que je fois à cette faveur & aux témoignages de fatisfaction qui l'ont accompagnée, j'éprouve des regrets en quittant

dispensabile per dirigervi nell' impiego e nel ripartimento che dovete fare dei vostri fondi; non sono cotanto considerabili, come sarebbe da desiderarsi che lo fossero per provedere a tutto: ben lungi che sia questi un motivo di non addottare l'ordine che vi propongo di seguire all'avvenire, mi sembra all'incontro che egli è il più sicuro mezzo per non impegnarvi in ispese, che eccedano i vostri redditi, o almeno per istabilire nel loro riparto una proporzione relativa alle vostre facoltà ed al grado d'utilità degli oggetti alli quali li destinerete.

Avrei avuto gran piacere di esser testimonio dei vantaggi che infallibilmente ne risulterebbero; ma siete instruiti che Sua Maestà mi ha nominato ad un altro dipartimento; per sensibile che io sia a questo favore ed alle testimonianze di soddisfazione che l' hanno accompagnato, provo del rincrescimento nel lasciare una Provincia nella

une Province où j'ai reçu, en différentes occasions, les preuves les plus évidentes de l'attachement & de la confiance des habitants ; où la tendre amitié du Général qui la commande, a rendu mon séjour aussi agréable, que ses lumières & son expérience m'ont été utiles. Si mon administration n'a pas été infructueuse à la Corse, si je puis me flatter que mes opérations y ont produit quelque bien, c'est à son esprit conciliant, & à la sagesse de ses conseils que j'en rapporte principalement le mérite. Ma reconnaissance pour lui est égale à l'affection que je porte à cette Province ; ces deux sentiments, que le temps & l'éloignement n'affaibliront jamais, sont liés l'un à l'autre ; aussi porterai-je souvent mes regards vers la Corse, & rien de ce qui s'y passera ne me sera indifférent ; je ne cesserai de prendre part au succès des établissements qui doivent accèlerer sa prospérité ; j'apprendrai sur tout avec le plus vif intérêt,

quale ho ricevuto in diverse occasioni quelle evidenti prove che si posson maggiori dell' attaccamento e della confidenza degli abitanti; dove la tenera amicizia del Generale che la comanda, ha reso il mio soggiorno non meno piacevole, che i suoi lumi e la sua esperienza mi sono stati utili. Se la mia amministrazione non è stata inutile alla Corsica; se posso lusingarmi che le mie operazioni vi hanno prodotto qualche bene, egli è al suo spirito conciliante, ed alla saviezza de' suoi consigli che ne attribuisco principalmente il merito. La mia gratitudine per lui è uguale all' affetto che porto a questa Provincia; questi due sentimenti, che il tempo nè la lontananza non indeboliranno giammai, sono legati l' uno all' altro; perciò rivolgerò spesso i miei sguardi verso la Corsica, e tutto quello che vi si passerà non mi sarà indifferente; non cesserò mai di prender parte al successo degli stabilimenti che devono accelerare la sua prosperità; sentirò soprattutto col più vivo

les témoignages qu'elle continuera à donner de son attachement au Gouvernement & de sa confiance dans les Administrateurs qui la dirigeront. Le sage Magistrat qui me succède connaît toute l'importance des fonctions auxquelles il est appellé, il réunit aux lumières nécessaires pour s'en acquitter dignement, toutes les qualités qui peuvent le rendre agréable & intéressant au Pays, & je joüirai moi même du succès des efforts qu'il fera pour y seconder les vues bienfaisantes du Gouvernement.

interesse le testimonianze che continuerà a dare del suo attaccamento al Governo, e della sua confidenza negli Amministratori che la dirigeranno. Il saggio Magistrato che mi succede, conosce tutta l'importanza delle funzioni alle quali è chiamato; egli riunisce ai lumi necessarj per compirle degnamente, tutte le qualità che possono renderlo grato e interessante al Paese, e godrò io medesimo del successo degli sforzi che farà per secondarvi le mire benefiche del Governo.

www.ingramcontent.com/pod-product-compliance
Lightning Source LLC
LaVergne TN
LVHW010441060726
842527LV00005B/1623